DER ZEITENSAMMLER

VON

GERD STEINKOENIG

ICH DURFTE ES ERLEBEN

ICH DARF ES ERLEBEN

Juhuu, ich darf leben

Ich durfte interessante Oasen leben

Manche ist total null

Kein Gefühl dazu

Bad Human weg, vergessen

Manches total geil

Schöne Erinnerungen

Good Human super, positiv

Zum Beispiel

Meine Betreuerin Romina K

Vom 4. Januar 2024 morgens

Die legendary Globetrotter-Tour 1986

Mit L.S., Vaison La Romance, Avignon,

Llorett, Genf, Lyon, "Chocolata"

Meine zeitloseste Lebenszeit

Mit FREIHEIT

Mit meinem Betreuer Stefan R.

2020 Fotosafari in Bad Bergzabern

1977 im Old Vienna, Trocadero mit M.B.

Damals mein Goldener Oktober

Sommer 1976 in Rodenbach am

Schwimmbad mit J.S., R.H., H.W., A.B...

Desweiteren, desweiteren mit

M.K. R.N., C.H. im Smile, Ting, 70er/80er

Oder mit R.R. mit Genesis

Oder D.P, ca 1982 ("Comes A Time"/

Neil Young, "Eiszeit"/Peter Maffay)

Hat D.P. im Auto alles gesungen

Und Juliane hat 1980 auch gesungen:

"Der Spinner" von der Nina Hagen Band

Oder meine Jobs als Kaufmann

Lagerist, Bürobeamter, Bürohilfe

Wachmann, Gabelstaplerfahrer,

Seniorenbetreuer, Immobiliendings

Versicherungsvertreter, OK-KL-TV-Mensch

Bundeswehr Okt 1978 bis Dez 1979

Alles mögliche, desweiteren, und mehr

Ich bin der Zeitensammler

Ich durfte/darf es aufsaugen

Auch in Zukunft - hoffe ich

Das legendäre Trampen 1984

Von München nach Mannheim

(Warum? Ich hatte einen Schutzengel,

Obwohl er eigentlich... Lehrgeld von Gerd)

Aber das Trampen war geil: mitten in der

Nacht, LKWs-Geräusche, Abenteuer,

Autobahn-Geräusche, Menschen-Solidarität

Ich durfte es erleben

Weitere Sachen in diesem Buch...

Und noch weitere Sachen in meinen

Kompletten ISBN-Büchern:

Blood On The Rooftops

Liebe ist alles

Später ohne Buch

Fühlen

Danach

Mitte des Menschen

Etc etc etc...

C P 4. Januar 2024 (II) Gerd Steinkoenig

Gerd F Steinkoenig Gerd Gerd

JUNI 1987! Die Charts aus dem "Musikexpress": The Joshua Tree (U 2, eines der Jahrhundertalben), mein erstes Jahr mit meiner Verlobten A.P. (wir lebten ca 6 Jahre - erst im Jahr 2023 hatte ich einen Anruf / irgendwie durch Internet / sie war ganz anders, sie ist Alkoholikerin (hätte ich nie gedacht), war zwar bisschen Enthusiasmus nach sooo vielen Jahren, aber dann mit erwachsener Vernunft war nichts, seitdem hat sie auch nicht angerufen - Gott sei Dank... Ach so, Musik im Juni 1987: Da waren echt geile Sachen, zB mit Fleetwood Mac, Level 42, Bon Jovi mit Slippery When Wet, John Farnham... Waren das Zeiten... Damals ein Job bei den Amis und dadurch wsr ich im Reforger in Bergen-Belsen (Niedersachsen) und da war bei meinem "Ghettoblaster" die Slippery When Wet, und im Auto-CD-Player war eine Casette mit 2 Alben: Girls Girls Girls (Mötley Crue), weiß nicht irgendwas mit "Night" (Cinderella) - ja, die HairMetal Times...

C P 4. Januar 2024 Gerd Steinkoenig

Gerd F Steinkoenig Gerd Gerd

Foto: aus meiner "Jahrhundert"-Mappe (1998/2000)

Der Vorläufer zu meinen ISBN-Büchern...

13. Juli 1985

In dieser Zeit wohnte ich in Frankfurt

In einem Mietzimmer in einem

Hotel in F-Sachsenhausen

1985 das große Vergnügungsviertel

Am 13. Juli 1985 war Live Aid-Benefiz

Für Hungernde in Afrika

Mit Queen, Madonna, Phil Collins,

Duran Duran, Tina Turner, Dire Straits...

Abwechselnd TV im Zimmer

Oder am Tresen mit Radio

Ab und zu war Störung - einfach Stille

War eben 1985-Technik

Viel später alle Musiker in einer DVD-Box

Außer Led Zeppelin

Sie meinten, der Gig war zu schlecht...

Arbeitstechnich hatte ich später Trouble

Ich war Filialleiter in Frankfurt

Als Immobilen/"Miet zu Eigentum"

Aufeinmal... Mal wieder meine Eltern...

Und mein Job war vorbei

Klar, ich war volljährig nach langer Zeit

Aber Vater war Kriminalhauptkommissar

In der Abteilung Betrug...

Von Live Aid 1985 waren im Deutschen TV

Komplett in den 3. Programmen

Wirklich live komplett

Viel später bei Live 8, Live Earth

Waren nur kleine TV-Ausschnitte...

Mal wieder meine Eltern (von der Erzählung)

Sie blafften zu einem Nachbar

Die Musik wäre zu laut

Und sie hatten dadurch erst kapiert

Das Live Aid war

Nun ja, wenn man nur DEUTSCHE

Schlager- und Volksmusik kennt...

C P 4. Januar 2024 Gerd Steinkoenig

Gerd F Steinkoenig Gerd Gerd

STÄDTE

Von Generation zu Generation

Verändert sich jede Stadt

Mit Zeitgeister, Benehmen

Fortschritte, Rückschritte

In den 1970ern waren mehr Jobs

Mehr Alternativen, mehr Lebensfreude

Das meine ich von KL als Bj 1959

Ein 60jähriger in den 70ern war vielleicht anders

KL viel später war für mich Rückschritt

Tatsächlich - egal vom Alter

Sind in den Deutschen Städten uniformierter

Die gleichen Fußgängerzonen

Die gleichen Stadtränder

Plus Lidl, Telekom, Vodafone, Penny, Aldi...

Trotzdem kann es ja sehr schön sein

Ich sag nur Landau in der Pfalz

Berlin, München, Hamburg waren in den

1970ern ganz anders drauf wie jetzt

Was war in Berlin-Kreuzberg in den 1970ern?

Was ist nun in Berlin-Kreuzberg jetzt?

Jetzt, im Jahr 2024 kennen nur wenige

Discos, Kneipen, Ecken, Locations, Treffs

Von Hamburg, Frankfurt, München von 1973!

Nur Nerds kennen die legendären

1970er Clubs von Berlin

Auch in den Dörfern sind große Veränderungen

1973 war mal ein 600 Seelen-Dorf

Jetzt sind es 1200 Einwohner

Früher Bauernhöfe, jetzt modern uniformiert

Natürlich gibt es Idylle, Natur-Aura

Trotzdem eben die weißen gleichen Häuser

Es gibt andere Lebensgewohnheiten jetzt

Die Leute von heute lachen über die Alten

Obwohl die Alten ja auch mal jung-cool waren

1976 Progrock mit Genesis, Yes, Pink Floyd

2023 Chartpop mit Taylor Swift, Harry Styles

(Nur ein Beispiel)

1976 hatte ich meine Lehre und musste arbeiten

Und natürlich im 1. Lehrjahr kehren mit dem Besen

2023 kommt ein Azubi mit mehr Geld

Und natürlich Rechte, bevor gearbeitet wird

(Nur ein Beispiel)

Auch die Azubis können arbeiten

Es sollte ein Zeitgeist-Beispiel sein

It's life, es ist eben so, alles klar

Nur mit der "neuen Gesellschaft" hab ich mein grrr

C P 3. Januar 2024 (II) Gerd Steinkoenig

Gerd F Steinkoenig Gerd Gerd

Foto: Landau in der Pfalz

ANNWEILER-ZEITEN

Juni 2015! Meine neue Residenz

Annweiler am Trifels!!

Ich war und bin im Paradies!

Annweiler-Aura, Südliche Weinstraße

Natur, Wälder, Berge, Reben, Häuser

Landau in der Pfalz, Albersweiler...

Bis 2019 war alles dabei

Richard Löwenherz-Fest, weitere Feste

Tourismus-Blickfang, Annweiler-Paradies

Mein Lieblingsbaum (Eiche mit Dach)

Wassergasse, Gerbergasse, Heimatmuseum

2019 war der Rheinland-Pfalz-Tag

War geil! Inkl Söhne Mannheims

2020 kam das Dessaster Covid 19

Nix mit Richard Löwenherz-Fest seitdem

Stattdessen Leerstände

Annweiler ist immer fleißig

Annweiler wird immer gearbeitet

Immer wieder neue Hoffnungen

Mit neuen Geschäften

Leider "Pseudo-Geschäfte"

Mit Schaufenster-Attribute ohne Geschäft

Dafür der 4. (!!) Döner-Stand

Ich fotografiere gerne über Annweiler, SÜW, LD

Dadurch automatisch Fotodokumentationen

Habe Fotos von 2015 oder 2017 oder 2023

Welch ein Unterschied

Auch mit meinen Erinnerungen

Ich hab ja ein Annweiler-Zeitfenster seit 2015

Dementsprechend hab ich "uralte" Fotos

Dabei erst vor 4 oder 6 Jahren...

Ich hoffe, Annweiler wird keine "Geisterstadt"

Ich hoffe, Annweiler hat wieder ihre übliche Würde

Denn ich liebe Annweiler am Trifels seit 2015

C P 3. Januar 2024 Gerd Steinkoenig

Gerd F Steinkoenig Gerd Gerd

VATER

Ich habe immer noch Zwiegespräche

Er im Himmel, ich auf der Erde

Hab ja schon öfter geschrieben

In meinen ISBN-Büchern

In diesem offical last book schreibe ich

Meine letzten Möglichkeiten zum Verständnis

Ich hatte natürlich Scheiße gebaut

Was ich heute nicht nachvollziehen kann

Andererseits dann doch durch seine Töne

Meine Individualität ging runter

Denn er war der Boss

MEIN Job

MEINE Musik mit E-Gitarre, Schlagzeug

Für Vater war das Blödsinn

Hauptsache sicherer Job

Und ich war Großhandelskaufmann

Eigentlich wollte ich einen Bürojob

Ich war zu jung, zu naiv, elternhörig

Natürlich hatte ich eigene gute Initiativen

Ging leider nicht:

Nach der Bundeswehr Fernschreiber

Zivil in Gerolstein (fliegender Wechsel)

War schon ok: doch der Andere machte weiter

Als Bürobeamter in der JVA Mannheim

Nur noch 2 Jahre, dann Lebenszeit

Ging nicht wegen dem Personalchef-Gnom

Dann in Stadtverwaltung Kultur in KL

Hatte einen weiteren Vertrag

Ging nicht wegen Landesregierungswechsel

Nun ja, es sollte so sein

Ich durfte alles leben

Und bin gespannt irgendwann im Himmmel

Mit Vater, Großvater, Opa/Oma...

C P 3. Januar 2024 Gerd Steinkoenig

Gerd F Steinkoenig Gerd Gerd

MEINE 5 BESTEN ALBEN EVER

1 The Dark Side Of The Moon (Pink Floyd 1973)

Mein ewiger Lebens-Soundtrack seit 1976 mit

Time (in der Handelsschule in Englisch Plattenspieler

Und Diskussion mit Übersetzung zum Text TIME

Später nach meinem LP-Kauf Us And Them, Money...

2 And Then There Were Three (Genesis 1978)

Mein 70er-Soundtrack, hatte oft geschrieben bei

meinen Büchern zu diesem Album...

Burning Rope, Undertow, The Lady Lies...

3 The Beatles ("Weiße Album") (The Beatles 1968)

Mein Fab Four-Soundtrack, mein Ewig-Doppelalbum

mit Lady Madonna, Revolution 9, While My Guitar

Gently Weeps, Happiness Is A Warm Gun...

4 "Untitled" (Led Zeppelin 1971)

Mit dem Übersong Stairway To Heaven,

Feat. Black Dog, Going To California...

5 Hounds Of Love (Kate Bush 1985)

Meine ewige Fee! Das Mega-Album mit Gregorianische

Chöre, Streicher vom Synthesizer, Progrock, KATE!

Wow! Nur 5 Alben! Neue positive Entwicklungen,

positive Fortschritte! Eigentlich bräuchte ich 5 Alben

je von Genesis, Pink Floyd, Beatles... Außerdem: es

gibt ja noch Weiteres, zB Made In Japan (Deep

Purple), Diamond Life (Sade), Love Over Gold

(Dire Straits), Legend (Bob Marley), Ghost In The

Machine (The Police), Black Celebration (Depeche

Mode), Paris (Supertramp), A Night At The Opera (Queen),

Automatic For The People (R.E.M.), Nevermind

(Nirvana), Harvest (Neil Young) und und und...

Foto: kleiner Ausschnitt aus meiner CD-Sammlung

C P 2. Januar 2024 (III) Gerd Steinkoenig

Gerd F Steinkoenig Gerd Gerd

ZUVERSICHT

War heute bei meiner Ärztin

Hatte nur Zucken in einer Geichtsecke

War aber in jenem Eck vom Schlaganfall 2017

Mir war im Endeffekt klar, da iss nix

Rein im positiven Gefühl, trotzdem Zweifel

Und meine Ärztin hat mich bestätigt

Seit September 2017 war

Kein Schlaganfall

Seit Oktober 2018 war keine Epilepsie

Das wusste auch meine Ärztin

Das heißt auch in Zukunft

Hab ich in 99% kein Schlaganfall/Epi

Denn ich hab seit September 2017

Meine überzeugende Reinheit

In Deutschland's Kultur ist das schwierig

Jeden Tag in jeder Ecke mit Alk/Rauch

Aber bei mir ist

Nie mehr Alkohol

Nie mehr Rauch

Durch meinen positiven

Starken klaren freien reinen Geist

Und ganz allgemein in meinem Leben

Kampf Mut Wille Disziplin

Und was sagt immer mein Leibarzt (RIP):

"Denk net zuviiiel!!"

Mein Lebensmotto:

Reinheit = kein Schlaganfall

Ich bin der Boss

Das heißt: Es ist unwichtig, was die Leute meinen

Weil sie keine Ahnung haben, mit meinem Danach

Weil sie aus Gewohnheit BRD-Kultur machen...

Ich genieße mein reines Leben

In Demut ohne Schlaganfall/Epi

Und immer positive, überzeugende Energien

Mit meinen Plänen, Ziele, Lösungen, Ideen

Zuversicht!

C P 2. Januar 2024 Gerd Steinkoenig

Gerd F Steinkoenig Gerd Gerd

WAS WÄRE WENN...

...wenn urplötzlich in der Tagesschau

Es aufeinmal heißt,

Deutschland ist im Krieg!

Hab ich weiterhin meine Medizin?

Hab ich weiterhin Wasserchen und Futterchen?

Was mach ich, wenn ich meinen 2. Schlaganfall hätte?

OMG, natürlich nie mehr! In Demut!

Deutschland im Frieden 2024 ist im Prinzip gut

Trotzdem Medizin-Engpässe

Verarschung über die Verbraucher

1969 oder 1976 war viel mehr Solidarität

Zu viel Extreme mit der Politik

Propaganda, die Rechten, die Linken

Noch ist Deutschland im Frieden 2024

Durch BILD doch bald einen Bürgerkrieg?

Zu viel Extreme in der Gesellschaft

Poxxxxxx Coxxxxxxxx, Wxxx

1978 oder 1986 konnte man normal reden

2024 zu viel Meinungs-Extreme!

Es ist erst der 2. Januar 2024

Vielleicht doch noch eine Art Happy Earth 2024

Da müsste Jesus nochmal auf die Erde kommen!

Und in Demut Jesus' Heilung für mich!

C P 2. Januar 2024 (II) Gerd Steinkoenig

Gerd F Steinkoenig Gerd Gerd

AM 18. MÄRZ 1984, ABENDS

Hatte Autogramme aller Members

Von Bernie's Autobahn Band

In der Alten Feuerwache in Monnem

Damals wohnte ich in Mannheim

Dann einfach abends zu diesem Konzert

Die waren im Südwesten sehr beliebt

Für mich das 3. Konzert von Bernie

In KL und Umsonst&Draußen

Und natürlich wieder "Am Donnerstag"

Ein Song über reale Ereignisse

Neben der Bühne war eine Band-Freundin

Mit dem LP-Verkauf

(Leider hatte die Band nie das great Ding)

Und ich kaufte und meinte, könnte ich..

Denn nebendran war "Hinter der Kulisse"

Sie meinte aber: nein

Nach dem Konzert ging ich trotzdem hin

Ich, bisschen schüchtern an der Tür

Der Gittarrist saß, und vor ihm einen

Kasten Bier

Und der Gittarist gab mir eine Bottle Bier

Und es war eine ca 3 Stunden-Party

Die Frau war natürlich auch dabei...

Und ich hatte tatsächlich gemeint

Mayor Heuser von BAP wäre besser

Wie der Bernie-Gittarist

Obwohl er wirklich sehr gut war

Trotzdem 3 Stunden-Party

Den Kasten Bier wurde natürlich leer

Und Bernie hatte meine Autogramme

Mit allen Members

Das war vor knapp 40 Jahren!!

Vor VIERZIG JAHREN!!

Am 18. März 1984, abends...

C P 2. Januar 2024 Gerd Steinkoenig

Gerd F Steinkoenig Gerd Gerd

12 VORSÄTZE 2024 (alte & neue Sätze)

1 besseres Video zu Feuerwerk und kein blöder Schluss (siehe unten, lach)

2 noch mehr positive Energien, positive Veränderungen

3 nicht so viel sarkastisch, satirisch - das schon, aber nicht zu viel

4 meine Pläne und Ziele verwirklichen

5 mehr Motivation, noch mehr Tätigkeiten

6 nicht so viel denken, mehr Lebensfreude

7 mein starker klarer freier reiner Geist

8 Kampf Mut Wille Disziplin

9 endlich Weihnachten/Silvester 2024 mit meiner Partnerin (zZ in Planung!)

(Natürlich schon ab Januar oder März oder Oktober...)

10 wie 2015 einen Lebenssprung über die Schlucht agieren (wieder Umzug?! Job?!)

11 weniger ist mehr, Effizienz, positive Gesundheit

12 Demut! Für mein positives, reines, zweites Leben!

C P 1. Januar 2024 00:35h Gerd Steinkoenig

Gerd F Steinkoenig Gerd Gerd

.

.

NOW AND THEN -The Beatles - Video von Gerd Steinkoenig 31. Dezember 2023 ca 22h ☺
Only For my facebook-Friends! Happy New Year 2024 Karin-Gisela S Karen Grace H Anne M
Annette W Katharina S Monika K Almut Y Joanna J Pari S Cerasela A Edith S and many many
more ☺

.

MEINE BESTEN 12 SONGS

(DIE Xte VERSION...) MIT

SONGS-KOMMENTAREN

Hatte 2023-Songs gehört

War wirklich gut - auch 2023, lach

Das Geilste mit David Guetta und

Otto (really, sogar mal Platz 1)

Und ich dachte: Mensch, meine old Songs

Ich hab wieder übliche Verdächtige

Trotzdem irgendwie doch komplett

Laaaach - natürlich nicht

Meine gefühlte 593. Version

Siehe in meinen ISBN-Büchern...

1 Tou Va Changer (Michel Fugain

& Le Big Bazaar)

Ist auch meine Nr 1 in meinem Buch

Die Story von populärer Musik

2 Desperado (Eagles)

Immer wieder Hotel California...

Dabei ist Desperado ein Country-Monument

3 Blood On The Rooftops (Genesis)

Der Titel meiner ersten 3 ISBN-Büchern

Genesis ist meine Lieblingsband

Und noch Mad Man Moon, Supper's Ready

4. Time (Pink Floyd)

Aus meinem Lieblingsalbum

The Dark Side Of The Moon

5 I'm The Walrus (The Beatles)

Es kommt immer drauf an

Now & Then, A Day In The Life, Hey Jude

6 Harvest Moon (Neil Young)

Es gibt sooo tolle Songs

Cowgirl In The Sand, Hey Hey My My

7 A Man I'll Never Be (Boston)

Die beste Stimme aller Zeiten

8 Bahnhofskino (BAP)

Niedeckens Meisterwerk

9 Naturträne (Nina Hagen Band)

Bundeswehrwache, Kofferradio, Naturträne

10 Stairway To Heaven (Led Zeppelin)

Ansonsten meistens bei mir Nr 1

Diesmal als Muss-History

11 Bohemian Rhapsody (Queen)

Ansonsten meistens Top 5

Diesmal als Muss-History

12 Teardrop (Massive Attack)

Feat Elizabeth Frasier

Geiler Trip Hop mit Chillen

C P 31. Dezember 2023 Gerd Steinkoenig

Gerd F Steinkoenig Gerd Gerd

PS: vergessen... Highway Star (Deep Purple),

More Than Words (Extreme), Private Dancer

(Tina Turner), Telegraph Road (Dire Straits),

Every Little Thing She Does Is Magic (The

Police), Diamonds (Rihanna).... Lach...

MUTTER

Gestern gings ihr anscheinend wieder gut

Muntere Worte

Aber immer noch kein Direkt-Telefonanschluss

Mit ihrer Freundin

Ich weiß immer noch nicht 100%ig wie sie drauf ist

Sie ist 85 und ich weiß ja nicht...

Wahrscheinlich überlebt sie mich, hahaha...

Wahrscheinlich aber doch 2024? 2025? 2026?

Ich denke an die Zeiten mit Mutter

Als Kind mit Mutter, als Teenie mit Mutter

Als Twen mit Mutter, als 60jähriger mit Mutter

Beschützend und nervig

Mutter hatte ihre Vorurtele - wie mein Vater

Erst später, als Vater nicht mehr da war

Hatte Mutter erst geschnallt was war

Jobs zu Referat Kultur oder Seniorenheim

Es gab blöde Sachen

In den Schulferien war ich aufeinmal krank

Darmgrippe oder sowas

Absicht von Mutter, damit ich nicht bei den "bösen Buben" bin?

Durch Mutter (und Vater!) war ich auch mit 25 ein Kind

Alte Erziehung ihrer Eltern:

Wenn er noch keine Ehefrau hat, dann aufpassen...

Meine Befreiung war die Zeitlos-Globetrotter-Tour 1986

In der Erziehung hatte ich gutes Benehmen, Freundlichkeit

In der Erziehung waren aber auch Tipps wie:

Du kannst alles haben, nur keine schwarze Frau

Wir bräuchten einen kleinen Hitler

In meinem momentanen Leben soll es so sein

Ich hätte mehr Durchsetzungsvermögen sollen

Mehr Selbstvertrauen, aber damals weniger

Jetzt hab ich mein neues Leben mit Selbstvertrauen

Mutter liebt mich immer noch auf ihre Art

Ich liebe sie auch - mit meiner Art

Anscheinend kann ich mit ihr nicht mehr so sprechen

Meine Erinnerungen hab ich trotzdem

C P 31. Dezember 2023 (II) Gerd Steinkoenig

Gerd F Steinkoenig Gerd Gerd

LEITKULTUR DEUTSCHLAND

Silvester ist wieder da! Vorfreude für den Abend!

Warum? Man darf saufen wegen Silvester!

Weinfeste, Kerwe, Geburtstage

Natürlich saufen!

Ostern, Pfingsten, Weihnachten

Saufen, saufen, saufen!

Die Stupid Human meinen: wir leben

Sie leben deshalb wegen dem Saufen??

Ich lebe mit Genuss, Freude, Disziplin

Mit Mineralwasser, Kaffee, O-Saft!

Bewusst genießen mit positive Reinheit

Mit Horizonten, Alternativen, Wege!

Es gibt immer einen Grund der Stupid Human

Feierabendbierchen, Job-Mittagspause

Ich bin Gott sei Dank Danach

Mit meinem starken klaren freien reinen Geist

C P 31. Dezember 2023 Gerd Steinkoenig

Gerd F Steinkoenig Gerd Gerd

EINGEBRANNT (KONZERTE, SCHLAGANFALL,

TRIBUTE, LIVERPOOL, GROßVATER, AVIGNON...)

Als Kind mit 3 oder 4 oder 5 im Bett

Wenn meine Eltern abends aus dem Haus gingen

Da fragte ich jedesmal: bitte das Licht anmachen

War dann auch (später vom Flur)

September 2017 in "meiner" Klinik Alzey

Schlaganfall-Quarantäne in der 1. Woche

Was wollte ich: Licht! Ging aber nicht...

Den größten Natur-Instinkt bei mir...

...war in den ersten 3 bis 4 Schlaganfall-Monaten

Diverse Konzerte - eingebrannt

Schon in verschiedenen ISBN-Bücher vom Autor

Neil Young Wiesbaden: eine Pur-Pfeife (von den Amis) wandert

Tribute Umsonst&Draußen: ein Jahrtausendkonzert mit Progrock

Ala Mike Oldfield/Genesis/Supertramp/Folkmusik

Irgendwann ist der Strom weg, doch sie spielen weiter

Am next day hatte ich kein Geld für die Tribute-Casette

Es war einmalig! Ein Tribute-Konzert "only for me"

Nach ca 30 Jahren kam you tube und Tribute war doch da

Eigentlich toll, aber ich hatte NUR diese Musik vom Konzert

Versteht Ihr das? Aber dann die Modern Times...

Dann mit Marillion: we want Fish, we want Fish

("Ewig" nach dem Konzert)

Und Peter Gabriel und Udo Lindenberg.....

Aber wie geschrieben: seht bei meinen Büchern...

Oder meine diversen Erlebnisse von

Genesis und Pink Floyd

Natürlich Konzerte...

Dezember 2017, das Jahr 2018

Nach meinem Schlaganfall

Erst 2019 war ich wieder einigermaßen da

Ich selbst wundere ich mich immer wieder

Von meinen facebook-Erinnerungen von 12/2017. 2018.

Zum Teil auch 2019, sogar 2020

Ich weiß ja, was war

Aber wenn ich diese 2018er Posts sehe...

Dazu hatte ich 2018 meine Therapiebücher

Für meine Synapsen, schreiben, denken, aussprechen

Dezember 2017, der erste Monat von meinen Kliniken

Ich ging in die Stadtbücherei Annweiler

Und lieh 30 oder 35 Film-DVDs aus! Für mich "normal"...

Ich hatte in dieser Zeit oft spaziert und fotografiert

Als "Gewohnheit" von der Bad Bergzabern-Klinik...

Und wollte einfach in die Industriestraße in Annweiler

War für mich viel zu viel, dann Futterchen, dann weiter

2018/2019 hatte ich mehr Power als 2023

Klingt blöd, denn 2023 waren in allen Wochen Termine

Zug, laufen, "Landau-Rundlauf", neue Spiele etc

Aber 2018/2019 waren andere Situationen für meine

Zukunft, Heilung, Ungewissheit, desweiteren

Wenn ich an 2018/2019 (und Dezember 2017 und vorher) denke

Schreibe ich 2023 : Demut!!

Meine Seele ist unsterblich!!

Ich, als Hund in Umsonst&Draußen mit WauWau

Der echte Dackel erstaunte und haute ab...

Ich war total stoned (zu früh am Morgen und schwarzer Afghane)

Vorher im Zelt ging mein Körper in den Erdmittelpunkt...

Oder mit Vater 1973 in einem Flutlichtspiel am Betzenberg

Saison-Eröffnungsspiel FCK vs Liverpool FC

Der Liverpool-Roar, der FCK-Roar - DAS waren Fußball-Zeiten...

Diese Fußball-Clubs sind meine Lieblingsvereine

Oder mit meinem Großvater in den 1960ern Im Wald

Mäuselöcher gezählt (damals ging das noch!!)

Die Zeit gelernt durch Großvater von der Sonne...

Großvater war/ist mein Lieblingsverwandter

Meine Globetrotter-Tour 1986

Avignon, Llorett, Vaison La Romance, Genf...

Meine schönste, zeitloseste, freieste Zeit in my life

Ich durfte es erleben!!

Dies und viel mehr in meinen ISBN-Büchern...

Und natürlich schöne Erlebnisse in der Zukunft

C P 30. Dezember 2023 (II) Gerd Steinkoenig

Gerd F Steinkoenig Gerd Gerd

MEINE ZWEITE GEBURT

Durch meinen Schlaganfall September 2017

Hatte ich meine zweite Geburt von Gott

Das wusste ich erst Jahre später

Bevor ich es wertneutral geschnallt hatte

Denn seit Sept 2017 hab ich immer

Positive Energien, positive Fortschritte

Positive Entwicklungen

Für mein positives, reines Leben

Für meine reinen Synapsen, Körper, Adern

Für meinen starken klaren freien reinen Geist

Durch meine zweite Geburt von Gott

Ich glaube, ich lebe, ich weiß, ich bin

Natürlich brauche ich noch neue Horizonte

Für neue Pläne und Ziele und Träume

Aber ich bin ab und zu zu faul oder phlegmatisch

Doch ich habe meine positiven Energien

Wenn ich eine Partnerin hätte, wäre mehr Power

Mehr Motivation, mehr Spaß, mehr Abwechslung

Momentan... Es könnte sein... Ich hoffe...

Wenn ich positiv rausdenke...

...bin ich von außen positiv in mir

Was alles war von September 2017 bis

30. Dezember 2023 (heutiger Stand)

Mrs. P 2018/2019, S 1 2019-2021

Das waren 2 Betreuer - "geschrettert"...

Mein Nr 1 Psychologe-Betreuer S 2

Ist seit ca Oktober 2019 da

Aber ca im Frühsommer 2024 ist er weg

Neue berufliche Stufen für ihn

Oder meine Pädagogin R.K. seit ca 1 Jahr

S 2 und R.K. sind tolle emphatische Menschen

Aber ich brauche "normale" Menschen

Mittlerweile hab ich meine eigene Glocke

Ich hab die 2 Betreuer:innen

Und meine Betreuerrechtsanwältin

Plus ihre Betreuer-Sekretärin

Desweiteren Ergo, Ärzte, meine "Institut"-Leute

Beim "Institut" hab ich auch meine eigene Glocke

2018 hatte ich mit 3 "normalen" Frauen gedatet

Im Endeffekt war nix

Momentan hab ich die gleiche Chemie

Mit meiner neuen Vielleicht-Partnerin

Sie ist dann auch so drauf: wir sind behindert...

Es soll eben so sein - in der Glocke

Natürlich wäre es ja geil, wenn wir zwei...

Aber es ist nur Zukunftsmusik

Und ich darf träumen und positiv leben

Meine zweite Geburt

Rust Never Sleeps (Neil Young 1979)

C P Gerd Steinkoenig 30. Dezember 2023

Gerd F Steinkoenig Gerd Gerd

Vom Dezember 1983 - ein Fragment aus meinem gesamten Gesamtwerk meiner Sammlung! Vieles ist verkauft, verloren, geklaut etc! Dieses Debüt-Heft/LP ist noch da! Später kamen dann die Hefte-CDs von Musikexpress, Rolling Stone etc...

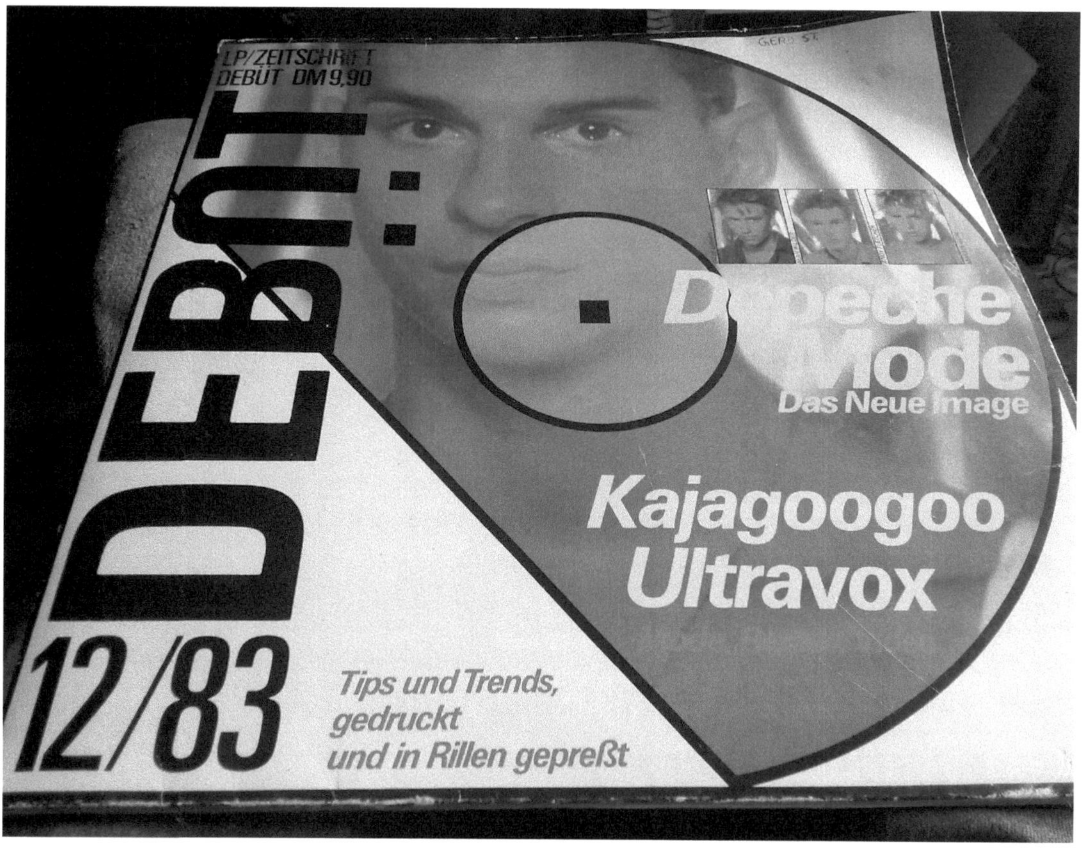

LIFE IM LEBEN - MAD MAN MOON

(EINE NEUE VERSION ROCKSTORY)

Meine Konzerte waren oft dabei

Bei diversen ISBN-Büchern von mir

3 x Jethro Tull, 2 x Neil Young

1 x Genesis, 1 x Pink Floyd, 1 x Marillion

Mein ewiges Nr 1 Konzert mit Tribute

Umsonst & Draußen-Festival Rockenhausen

Zu diesem Konzert gabs später einen Song

"Rockenhausen" von Tribute...

Hab ich dazu ausführlich geschrieben in 2 Büchern

Natürlich vergesse ich doch wieder bei

Meinen Alben, meinen Songs, Listen, Listen

Gefühlte 1000 x The Dark Side Of The Moon

Gefühlte 1000 x Blood On The Rooftops

Hab ich vielleicht Filmore East von Zappa...

...Vergessen?? Oder doch...

Bei meiner Tonträger-Sammlung hab ich viele Genres

Rock, Progrock, Hardrock, Blues, Country, Jazz, Dance

Pop, Disco, Techno, Hip Hop, TripHop, Schlager...

Bei meinen Konzerten sind diverse Genres

Neben Genesis, Pink Floyd war noch Steve Hackett

U 2, Peter Maffay Helen Schneider, BAP, Blue

Öyster Cult, Spliff, Lilienthal, Anyone's Daughter...

Diverse Albenlisten 1990, ca 2000, 2017, das & das

Die seitenlangen Songliste bei meinem

1. ISBN-Buch Blood On The Rooftops (2017)

Bestimmt hab ich was vergessen, lach...

Es ist neverending, so viele zeitlose Musik

Dann doch wieder 2078 von Supermax vergessen...

Die Menschheit "Stupid Human" im 21. Jahrhundert

Oberflächliche Unterhaltung über Musik

Was ist ein Coldplay? Ein Auspuff? Zündschlüssel?

Coldplay ist einer der größten Bands im 21. Jhd

Aber die Oberflächlichen haben es jetzt schon vergessen

Hab zwar sehr viele geile CDs - hab CDs leider vergessen

Natürlich wegen Kohle... Ist auch klar

Trotzdem sind "billige" Juwelen wie die

Tubular Bells von Mike Oldfield - für 5 Euro wie Ramsch

Oder die Made In Japan von Deep Purple

9,90 Euro - Ramsch...

Andererseits: wenn es heißt 50 Jahre das & das

Oder 40 Jahre das & das mit "Special More"

Dann haste 50 Euro oder sogar über 100 Euro

Mit 4fach-CD-Box, Vinyl, Remixe, Rarities, Liner Notes etc...

Ich hab ein Museum und ich freue mich, das ich es habe

Wenn ich mit 78, 82, 91 in die next Dimension gehe

Ist nur Schulter zucken (es sei denn meine nächste Freundin...)

Die komische DEBUT-Vinyl von 1983 mit Musikheft

Ein Album mit Autogramm von der

Bernie's Autobahnband (Wer kennt eigentlich "Am Donnerstag")

Bei meinen ISBN-Büchern hatte ich auch meine

44 besten LPs all time, since 1983

Das ist der Rest von meiner verschollenen Story of Rock 1955-1983

Mein erstes Musik geschriebenes...

Ich hätte als Jugendlicher DJ machen sollen

Oder Schlagzeug , oder Gitarre spielen sollen

Es gab wirklich diese Möglichkeiten

Aber - der rote Faden - wegen meinen Eltern...

"Take It Easy" (Eagles)

"Rockin In The Free World" (Neil Young, mein Seelenverwandter)

"Mad Man Moon" (Genesis)

"The Time Is Gone, The Song Is Over" (Pink Floyd)

"Liebe ist alles" (Rosenstolz)

"All You Need Is Love" (The Beatles)

Meine Musikfeen: Kate Bush, Sade, Janis Joplin, Annie Lennox

C P 29.. Dezember 2023 Gerd Steinkoenig

Gerd F Steinkoenig Gerd Gerd

HEXENVERBRENNUNGEN

(TEIL 2 NACH "ZEITWANDERERUNG...")

Die Menschheit hat Rückentwicklung

Ich nicht, ich habe positive Entwicklungen

Aber diese verrückte Menschheit

Im Mittelalter waren Hexenverbrennungen

Wegen Vorurteile, Verschwörungen

Irgendwann kam das Zeitalter der Aufklärung

Es gab Horizonte, Intelligenz, Entwicklungen

Aber im 21. Jahrhundert ist aufeinmal Willkür

Mittlerweile sind Berufsverbote durch Meinungen

Nena hatte keine Mainstreammeinung

Xaver Naidoo hatte keine Mainstreammeinung

Will Smith hatte keine Mainstreammeinung

Also wird sofort gebasht - ohne eigene Meinung

Gartenzwergkleinbürger sind Lemminge ohne IQ

Irgendwann ist die Menschheit verloren

Viel Wikipedia und Lexikas ohne Menschenahnung

Viel KI wird selbstständiger ohne Menschen

Lemminge sind bequem und faul und freuen sich fürs KI

Irgendwann ist die Menschheit verloren

Denn KI ist so gefühllos intelligent

Und die KI-Atombombe ist perfektioniert...

C P 29. Dezember 2023 Gerd Steinkoenig

Gerd F Steinkoenig Gerd Gerd

ÜBER ZEITWANDERUNG, FREI,

POLITIK, MUSIK, 3.WELTKRIEG

Kurz vor dem Jahresende 2023!

Zeit ist relativ...

So schnell - und trotzdem war so viel

Hamas-Terror über Israel

Putins Krieg gegen die Ukraine

Vielleicht doch wieder anders?!

Wo ist die Wahrheit? Wer weiß es?

Propagandakrieg mit BILD, TV, Internet

Wer wird der nächste Bundeskanzler?

CDU/CSU-Sieg durch BILD?

2024 3 AfD-Siege in Ost-Ländern?

Das Ende von der westlichen Demokratie?

Trump2024-Jünger, AfD, Le Pen etc...

Früher war mehr Lametta!

Früher war Respekt, Anstand, Solidarität

Früher war Gemeinschaft, Tugend

Freiheit, Meinungen, Diskussionen

2023 ist Meinungsdiktatur

Political correctness, Culture cancel

Unfreiheit

1968 und in den 1970ern waren wir FREI

Experimente, Freiheit wagen, Idealismus

Die 68er hatten positive Revolution

Mit positiven Arbeitskampf

Mit sexueller Befreiung

2023 darf man nicht flirten wegen Woke

In der Musik hatte man in den 70ern Zeit:

Progrock mit Echoes, Supper's Ready...

2023 bei Musikstreamings darf man nur:

Bis 10 Minuten bei einem Song!

Nur noch 3 Minuten-Mainstream...

1973: The Beatles, Sweet, Suzi Quatro

Slade, T. Rex, David Cassidy, Deep Purple

1976: Genesis, Pink Floyd, The Beatles

Deep Purple, Supertramp, Neil Young

1982: The Police, Toto, Dire Straits

Depeche Mode Kate Bush, Kim Wilde

Nur ein paar Musik-Shots aus jenen Times

The Police war auch 1978 da

Zeit ist immer relativ

Sweet ist auch 2023 da - you tube "TV1974"

The Beatles, Rolling Stones 2023 Nr 1(!!)

Zeit ist immer relativ

Mein Vater hatte immer gelästert

Über die "langhaarigen Drogensüchtigen"

Jetzt sind Roger Waters, Peter Gabriel

David Gilmour, Mick Jagger, Iggy Pop

Ian Gillan, Jimmy Page um die 80!!

Und sie leben putzmunter

Für Vater wäre sein zusammengestürztes

Weltbild...

Bei meinen Zeitwanderungen ist wieder Musik

Eine Art roter Faden für mich

Aber es ist das "Selbe in Grün":

Ob Musik, Politik, Gesellschaft:

Die gleiche Struktur mit Stupid Human

Der Siegeszug des Nationalismus

Für mich total logisch

In der Politik konnte man früher reden

Die legendären Schlachten Wehner vs Strauß

Brandt, Schmidt, Kohl, Genscher

2023 ist nur Machtegoismus ohne Volk

Willkommen zum 3. Weltkrieg

2024 oder 2027 oder 2030

Aber bald, es ist einfach so

C P 29. Dezember 2023 Gerd Steinkoenig

Gerd F Steinkoenig Gerd Gerd

24. Dezember 2023 um 18:38

Schwarzweiße Weihnacht mit Edgar Wallace bei NITRO! Tradition seit Jahren mit XMas mit Wallace und Terence Hill/Bud Spencer bei Kabel 1...

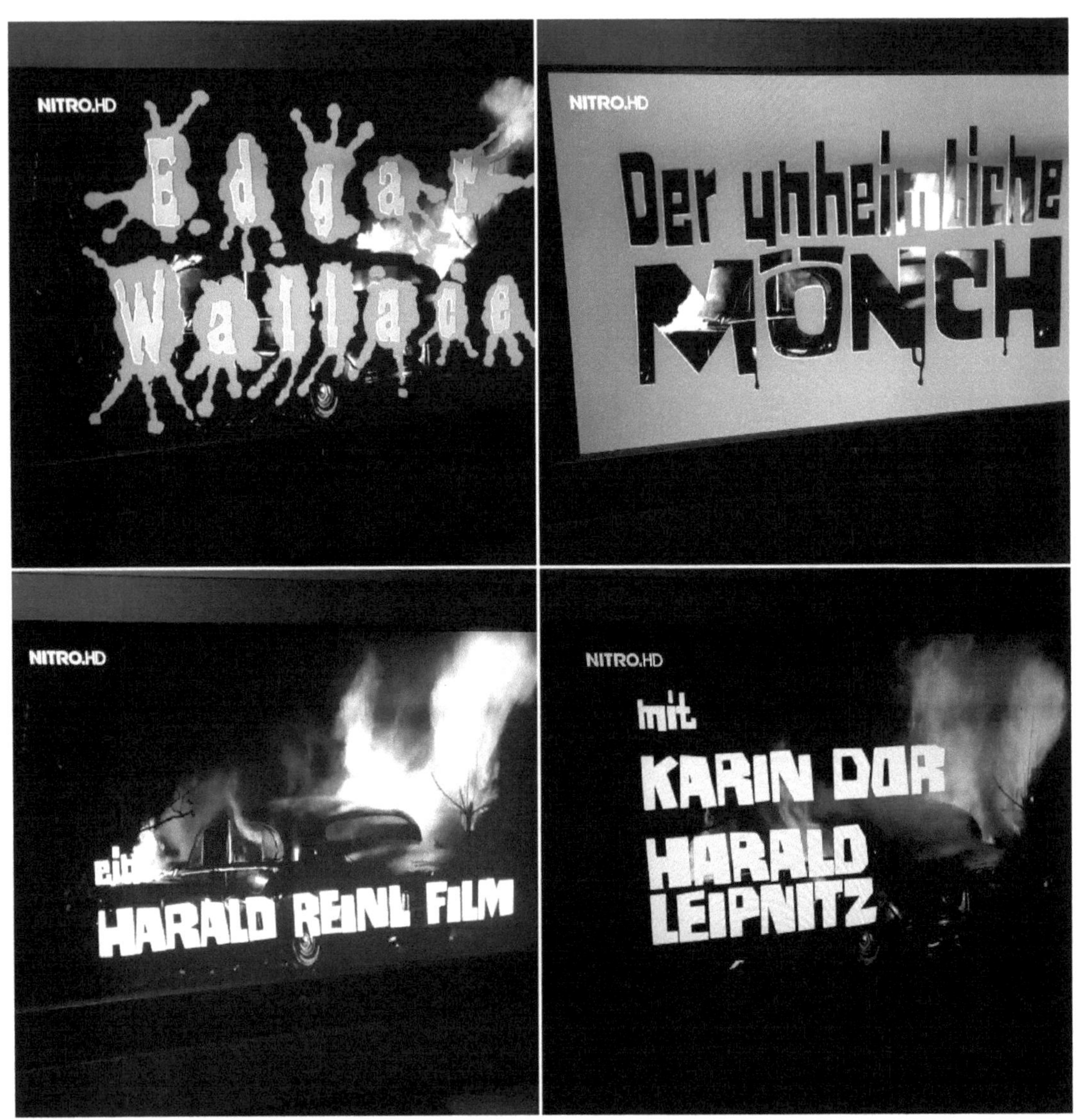

ZEITLOS: MOI KATZEMÄÄDSCHE MOLLY 2005 - 2021

Alle Fotos von Gerd Steinkoenig

Annweiler am Trifels, 4. Januar 2024, 20:22h